गुजरे लम्हें

(शायरी)

डॉ. पूनम अग्रवाल

प्रथम संस्करण: मई 2022
भारत में मुद्रित

मुद्रक: प्रिंटवन ग्राफिक्स, नवी मुंबई
टाइप: लैला

ISBN: 978-93-94603-16-5

आवरण रचना: जया लोखंडे

प्रकाशक :   स्टोरीमिरर इंफोटेक प्राईवेट लिमिटेड,
             १४५, पहला माला, पवई प्लाझा,
             हीरानंदानी गार्डन्स, पवई,
             मुंबई-४०००७६, भारत

Web: https://storymirror.com
Facebook: https://facebook.com/storymirror
Instagram: https://instagram.com/storymirror
Twitter: https://twitter.com/story_mirror
Email: marketing@storymirror.com

समर्पण

दोस्तों के नाम

अभिस्वीकृति

उन सभी दोस्तों के नाम जिन्होंने मुझे
यह पुस्तक प्रकाशित करने के लिए प्रेरित किया।
मेरी सहेली वीना के नाम जिसने
मेरी शायरियों को देवनागरी लिपि में लिखा।

प्रस्तावना

एक प्रयास कुछ अलग
और कुछ नया करने का

ख़ामोश है ये ज़िंदगी, कोई तराना ना मिला।

चल पड़े राहों में, कहीं ठिकाना ना मिला।

मिले कई साथी, मगर कोई याराना ना मिला।

राहों में मिलने वाले थे सब अजनबी,

चाहा मैंने कितना मगर कोई पहचाना न मिला।

चेहरे पर कई निशां रह गए बाकी,

देख लें, ऐसा कोई आईना ना मिला।

याद करके जिसे कुछ गम कम कर लेते,

ऐसा कोई साथी, कोई अफसाना ना मिला।

जाएँ कहाँ इस दुनिया को छोड़कर?

साथ ना हो ये जालिम निगाहें, ऐसा जमाना ना मिला।।

वो दिल, जो तेरा था कभी का टूट गया।

साथ तेरा हो, यह विश्वास भी हमसे छूट गया।

देखकर तुझे जो दम भर जीते थे हम,

वो एक बहाना भी ना जाने क्यों रूठ गया।।

दिल को तेरे ख़्यालों से सजाकर रखा है।

राहों में हैं शूल बिखरे हुए,

पाँवों को उनसे बचाकर रखा है।

इस उम्मीद में की आओगे एक दिन वापिस तुम

तेरी राहों में दीपक जला रखा है।

है बड़ी तेज ये आँधियाँ,

दिल के ख़्यालात को इनसे बचा रखा है।

एक चाँद है आसमान में,

एक चाँद आँखों में छिपा रखा है।

आँखों के सागर में डूब ना जाए,

तेरी तस्वीर को दिल के आईने में उतार रखा है।

ना लगे जमाने की नज़र तुझको,

तेरी तस्वीर को जमाने से छुपा रखा है।।

तेरी यादों के सिवाय कोई

ख़्याल है ना बाकी।

अभी तो गुजारी है आधी

आधी तो ज़िंदगी है बाकी।।

गम के बादल हैं छाये हुए।
अब तो अपने भी पराये हुए।
कुछ देर की बदनसीबी ये नहीं,
सदियाँ बीत गयी हमें मुस्कराए हुए।
तुम्हारे आने की चाहत में ये साथी,
बैठे हैं राहों में नजारे बिछाये हुए।
तुम ना यूँ मुझको भूल जाना सनम,
तेरे ही सपने हैं दिल में सजाये हुए।।

मेरे दिल में क्या है?

जानकर ख़ामोश क्यों है?

पीया नहीं आँखों से!

पर तू मदहोश क्यों है?

दिन-रात यूँ ही तेरी बातें किया करते हैं।

हम तो ऐ सनम!

ख़्वाबों में तुझसे मुलाकात किया करते हैं।

जीने की ख़्वाहिश और कुछ तो नहीं

तेरे ही खातिर ऐ सनम! हम तो जिया करते हैं।।

तू जो ना कह सका तेरी ख़ामोशियों ने कह दिया।

हाल तेरे दिल का बयान तेरी उदासियों ने कर दिया।।

कोई आहट से जा चली आयी
तेरे दीदार की हसरत ले आयी।
बड़ी आस लगाए बैठे थे हम,
वही रूठी हुई शाम चली आयी।।

यही रब से दुआ करते हैं।
रहे सलामत तू सदा हम तो यूँ ही जिया करते हैं।।

तेरे साथ बिताये पल अब सताने लगे हैं।

एक ख़्वाब ही अपने थे वो भी तेरे बन जाने लगे हैं।

मुश्किलों के सागर से ख़ुद को बचाया अब तक,

तेरी यादों के सागर में अब हम डूब जाने लगे हैं।

क्या करें शिकवा तुझ से गर तू बेवफ़ा है,

ज़िंदगी की बेवफ़ाइयों से हम घिर जाने लगे हैं।

कहते हैं ये खेल मुक्कदर का सब,

अपने हैं मुक्कदर से हम मात खाने लगे हैं।

समझा था छँट गये ये अँधेरे बादल,

अश्कों के बादल फिर से घिर जाने लगे हैं।।

तुझसे मुलाक़ात से पहले ये बेकरारी ना थी।
तुझसे हुई बात के पहले ये ख़ुमारी ना थी।।

तेरी नज़रें हैं मेरा आशियाना,

पलकों में मुझे तुम छिपा लो।

दुनिया के सागर में मैं जो खो जाऊँ,

दिल की कश्ती में मुझको बिठा लो।

इस भीड़ में मैं हूँ तन्हा,

पास तुम आज मुझको बुला लो।

तेरा दिल भी तो है वीराना,

मेरे प्यार के दो फूल खिला लो।

रूठ जाऊँ जो मैं कभी तुमसे,

पास आकर तुम मुझको मना लो।।

इतने मजबूर ना थे हम
जब तेरी बेवफ़ाई नहीं थी।
इतने मशहूर ना थे हम
जब तेरी रुसवाई नहीं थी।।

चार दिन की है ज़िंदगी,

यूँ ही जी लेते हैं हम

हैं नहीं खुशियाँ तो क्या!

गम ही पी लेते हैं हम।

दिल की चोटों के नहीं निशान बाकी

दिल की चोटों को यूँ सी लेते हैं हम।।

एक रूठी हुई शाम में तेरे
यादों का बसेरा आया।
तू तो नहीं पर
ख़्यालों में तेरा चेहरा आया।।

वक़्त लगता नहीं वक़्त बदलने में इस जमाने को।

कभी अपना कहकर कभी बस मुकर जाने को।

हम तो मुसाफ़िर हैं राहों के, गुजर ही जायेंगे,

फिक्र तो उनकी है ना देखा जिन्होंने इन रुसवाइयों को।।

हर ख़्वाब बिखरा-बिखरा सा नज़र आने लगा है
था साया साथ पर वह भी दूर जाने लगा है।

दिल के दीपक का था एक सहारा अब तक
हालात की आँधियों में वो भी टिमटिमाने लगा है।

क्या करें शिकवा तुझसे ऐ खुदा! हैं तेरे बंदे हम
कोई अपना ही जब नज़रों से गिराने लगा है।

कट गई है उम्र आधी, आधी भी यूँ कट जायेगी
कहकर कोई इस दिल को समझाने लगा है।

मेरी उदासी को ना समझो कोई बेवफ़ाई
यह सोचकर दिल फिर घबराने लगा है।।

हैं तेरा क्या कसूर जो तू बेवफ़ा है?
हमसे तो अब मेरी तक़दीर ही ख़फा है!।

जब से छोड़ गये हो तुम

हमने संभलना छोड़ दिया।

ऐसी उजड़ी अपनी बगिया

फूलों ने भी खिलना छोड़ दिया।

जिन गलियों में तेरी यादें बसी

उन गलियों से निकलना छोड़ दिया।

टूटना है जब हर ख़्वाब को

यूँ ख़्वाब सजाना छोड़ दिया।

ना बस जाएँ तेरी यादें फिर से

इस दिल को ऐ सनम! हमने तो तोड़ दिया।।

तेरी आँखों में मेरा चेहरा सा नज़र आया मुझको।

अब तो हर पल ठहरा-ठहरा सा नज़र आया मुझको।।

आँखों के सागर में अश्क जो
झलक जाए पी लेते हैं हम।
जीने की हर आस टूट जाए पर
जी लेते हैं हम।
कर दो छलनी इस जिगर को तुम
सी लेते हैं हम।।

हर एक गम को गले से लगाया है हमने

फूल तो नहीं पर काँटे सजाए हैं हमने

कहता है जमाना जिन्हें अपनी परछाइयाँ

वह साए भी हमसे चेहरा छुपाए हुए हैं।

है तेरी यादों के शोले मेरी राहों में

पर हम तो उनसे दामन बचाए हुए हैं।।

ये हवाएँ चुपके से क्या कहती जाती हैं?
तूने फिर याद किया, यह कहती जाती हैं।
अपने अवरोधों को ये क्यों सहती जाती हैं?
चलना ही जीवन है क्या यह संदेश देती जाती हैं?

हालात से जो मजबूर ना होते

यूँ बेवफ़ा हम ना होते

तकदीर ना जो रूठी होती

ख़ुद से खफ़ा हम ना होते।।

जमाने की खुशियों को हम बाँट लें।
है मुश्किल ये सफ़र तन्हा, आ मिलकर काट लें।
है गम ज्यादा तो क्या इस जमाने में,
मिलकर बस खुशियों के फूल हम छाँट लें।।

इन लकीरों में तेरा नाम लिखा है, जानती हूँ मैं।
तेरे ख़्यालों से जीवन महका है, मानती हूँ मैं।।

दिल के ज़ख़्मों को छुपाए बैठे हैं
वक़्त की बेवफ़ाइयों को हम तो भुलाए बैठे हैं
चेहरे की शिकन ना कोई देख ले
इन्हें इस मुस्कराहट से छुपाए बैठे हैं।।

एक और आशियाना छोड़ चले हम,
जाने कितने दिल फिर तोड़ चले हम।।

आँखों में बस तेरा दीदार चाहिए।

तुझसे मिल सके गर तो थोड़ा प्यार चाहिए।

छोड़ दूँगी इस जमाने को तेरे लिए,

तुझ पे ऐ सनम! बस थोड़ा और एतबार चाहिए।।

तुझे दिल से भुलाना मुश्किल हुआ है।
अब तो जीना मेरा नामुमकिन हुआ है।।

क्या कहूँ? कहने को कुछ बाकी ना रहा।
यह जमाना, ऐ दोस्त! एतबार के काबिल ना रहा।।

लाख दे चाहे जमाना गम, सह लेंगे हम।
ना हो जगह जो दिल में तो कदमों में रह लेंगे हम।।

बीते हर पल का हिसाब माँगने लगी है ज़िंदगी।

तेरे दीदार के सपने सजाने लगी है ज़िंदगी।।

हमने तो जीना छोड़ दिया था,

पर फिर से जीना सिखाने लगी है ज़िंदगी।

जो दोस्त हमसे रूठ गए थे,

उन्हें फिर से मनाने लगी है ज़िंदगी।

जो उलझनें सुलझकर भी उलझ गई थी,

उन्हें फिर से सुलझाने लगी हैं ज़िंदगी।।

दोस्ती, दोस्तों से करते हैं दुश्मनों से नहीं।
बेवफ़ाई गैरों से करते हैं अपनों से नहीं।।

तेरे इश्क में ऐ सनम! हम सब कुछ सब भुलाए बैठे हैं।

एक ज़िंदगी ही मेरी थी वह भी लुटाए बैठे हैं।

होश में आते तो समझा पाते इन रुसवाइयों को

हम तो ऐ सनम!यह होश भी गँवाए बैठे हैं।।

तुझे मिल ना सकी यह मेरी तकदीर ही है।

बदल ना सकी जिसे, वो हाथों की लकीर ही है।

पास आते तुम तो समझ पाते

बाँधे रखा था मुझे जिसने वह रस्मों की जंजीर ही है।।

दिल की कश्ती को तेरी यादें भटकाती रहती है
ये यादें इस कदर मुझे तड़पाती रहती हैं।
'छोड़ दे उस बेवफ़ा को उसके हाल पर, ऐ पगली!"
यह कहकर सखियाँ अब मुझे समझाती रहती हैं।।

क्या यही सजा मिली मुझे दिल लगाने की?
बात अपनी करो, क्यों करते हो जमाने की?

जिद थी उनकी और हम सब लुटाए बैठे हैं
ऐ दोस्त! तेरे प्यार में हम हज़ार दुश्मन बनाए बैठे हैं।
ना हो यकीन मेरी वफ़ाओं पर अब भी जो तुझे,
एक बार पलटकर देख ले।
तेरी राहों में पलकें बिछाए हुए हैं।।

दर्द थमता नहीं हजारों के आ जाने से।

महफ़िलें जमती नहीं बेगानों के आ जाने से।

बड़ी शिद्दत से चाहा था उम्र भर जिसे मैंने

हाल भी ना पूछा मेरा, क़यामत के आ जाने से।।

www.ingramcontent.com/pod-product-compliance
Lightning Source LLC
Chambersburg PA
CBHW060508160726
47992CB00003B/1389